écrit livre

le carnaval

Jacques **Fijalkow**
Joëlle **Garcia**
Patrice **Cayré**
Michel **de la Cruz**

Cycle 2

magnard documents

Préface

Apprendre à lire,

- c'est apprendre à **tout lire**, les textes comme les documents,
- c'est orienter l'enfant vers toutes sortes d'activités de lecture et d'écriture,
- c'est résoudre des activités proposées comme des situations-problèmes,
- c'est aussi émettre des suppositions, faire des choix, les expliquer.

La collection **Magnard Documents** propose, pour chacun de ses ouvrages, un thème qui guide l'enfant vers d'autres activités de lecture et d'écriture dans **un parcours transversal** des différentes matières, que ce soit en français, en mathématiques, en histoire, en éducation civique, en géographie, en technologie. Mais cette collection permet surtout de traiter toutes les **compétences transversales**.

Chaque thème de l'ouvrage est un guide de recherche, un point de départ pour se tourner vers **les documents réels**, photos, affiches, etc., nécessaires à un plein apprentissage de la lecture.
Chaque page propose des documents et du texte, sur lesquels portent les activités. À chaque sujet, sont définis **les objectifs** auxquels il se rapporte.

Le thème de ce **Magnard Documents, le carnaval**, donne l'occasion à l'enfant de découvrir l'une des traditions les plus populaires du monde et la façon dont chaque pays se distingue par ses déguisements.

Conception et réalisation : KUBE
Illustration de couverture : B. RACAMORA
Illustrations intérieurs : M. POIRIER
Iconographie : M. BOURAOUI
Conception éditoriale et réalisation technique : F. GILLES

Crédits iconographiques

Ph. couverture : © M. Moisnard / Explorer - © G. Boutin / Explorer - © R. Mattes / Explorer. **P. 4** : Ph. 1 : © Roger-Viollet-BN. **P. 5** : Ph. 1 : © Roger-Viollet. Ph. 2 : © D.R. BN - **P. 6** : Ph. 1 : © J.-C. Charmet. Ph. 2 : © J.-C. Charmet - **P. 7** : Ph. 1 : © Roger-Viollet. Ph. 2 : © J.-C. Charmet - **P. 8** : Ph. 1 : © Kotoh / Zefa. Ph. 2 : © A. Philippon / Explorer. Ph. 3 : © C. Bibollet / Agence Top - **P. 9** : Ph. 1 : © Ph. Mercier / Diaphor. Ph. 2 : © J. Dupont / Explorer. Ph. 3 : © F. Balloy / Diaphor - **P. 10** : Ph. 1 : © S. Grandadam / Fotogram-Stone. Ph. 2 : © et J.-C. Pinheira / Agence Top. Ph. 3 : © O. Martel / Rapho - **P. 11** : Ph. 1 : © C. Rausch / Rapho. Ph. 2 : © Le diascorn / Rapho. Ph. 3 : © Dequest / BSIP - **P. 12** : Ph. 1 : © J.-P. Lescourbet / Explorer. Ph. 2 : © Pix. Ph. 3 : © R. Grosskopf / Zefa - **P. 13** : Ph. et Ph. 2 : © R. Mattes / Explorer. Ph. 3 : © J. Stillings / Fotogram-Stone - **P. 14** : Ph. 1 : © A. Saucez / Explorer. Ph. 2 : G. Boutin / Explorer. Ph. 3 : © A. Tovy / Explorer - **P. 15** : Ph. 1 : M. Dusart / Pix. Ph. 2 et Ph. 3 : © J.-M. Steinlein / Explorer - **P. 16** : Ph. 1 : © J. Ducange / agence Top. Ph. 2 : © J. Jangoux / Fotogram-Stone. Ph. 3 : © Villota / Zefa - **P. 17** : Ph. 1 : © F. Ttenle / Rapho. Ph. 2 : © Roger-viollet. Ph. 3 : © S. Grandadam / Explorer - **P. 18** : Ph. 1 : © L. Giraudou / Explorer. Ph. 2 : © G. Plessy / Explorer. Ph. 3 et Ph. 4 : © Arthus-Bertrand / Explorer - **P. 19** : Ph. 1 : © J.-M. Steinlein / Explorer. Ph. 2 : © Wurm / Zefa. Ph. 3 : © Van de Kerklove / Pix. Ph. 4 : © B. Khun / Agence Top - **P. 20** : Ph. 1 : © E. Luider / Rapho. Ph. 2 : © J.-M. Steinlein / Explorer. Ph. 3 : © J. Schlarger / Explorer - **P. 21** : Ph. 1 : © F. Tatopoulous / Explorer. Ph. 2 : R. Mattes / Explorer. Ph. 3 : © H. Silvester / Rapho. Ph. 4 : © Arthus Bertrand / Explorer - **P. 22** : Ph. 1 : © C. Rausch / Rapho. Ph. 2 : © C. Rausch / Rapho. Ph. 3 : © Weisbecker / Explorer. Ph. 4 : © J.-M. Steinlein / Explorer - **P. 23** : Ph. 1 : © M. Moismard / Explorer. Ph. 2 : © A. Lieseche / Zefa. Ph. 3 : © R. Mattes / Explorer - **P. 24** : Ph. 1 : © Roger-Viollet. Ph. 2 : © O. Bibollet / Agence Top. Ph. 3 : © G. SIOEN / Rapho - **P. 25** : Ph. 1 : © H. Donnezan / Rapho. Ph. 2 : © Emporters / Jerrican. Ph. 3 : © P. Mercier / Diaphor. Ph. 4 : © J. Rosenberg / Zefa - **P. 26** : Ph. 1 : Roger-Viollet - **P. 27** : Ph. 2 : © J.-L. Charmet - **P. 30** : Ph. 1 : © L.-Y. Loirat / Explorer. Ph. 2 : © Bradley / Gamma. Ph. 3 : © F. Le Diascorn / Top - **P. 31** : Ph. 1 : © Zefa. Ph. 2 : © K. Weck / Zefa. Ph. 3 : © G. Contoraker / Zefa.

Sommaire

n° Editeur 99/109 - Dépôt légal: Mars 1999. Imprimé en Italie par GEP Cremona.

Histoire

Origine du mot

• Le mot **carnaval** vient du latin *carne levare* : ôter la viande, et de l'italien *carnevale* : mardi gras.

• Le temps du carnaval précède le carême. Pour la religion chrétienne, le carême, temps de pénitence et de privations, dure pendant quarante jours avant Pâques.

Le carnaval se déroule généralement pendant les trois jours (dimanche, lundi et mardi) précédant le mercredi des Cendres, début du carême.

Le mardi gras est un jour de fête et de réjouissance avant le carême.

• Selon les pays et les régions, la durée du carnaval varie.

Il débute parfois à l'Épiphanie, il peut durer plusieurs jours ou plusieurs mois.

La date du carnaval change chaque année, selon Pâques.

- **Que veut dire carnaval ?**
- **Qu'est-ce que le carême ?**
- **Sur le dessin, trouve quel personnage représente Carnaval et qui est Carême.**
- **Pourquoi se combattent-ils ?**
- **Cette année, quand aura lieu mardi gras ? le mercredi des Cendres ? Pâques ? l'Épiphanie ?**

OBJECTIFS

- Enrichir son vocabulaire.
- Identifier divers aspects de son patrimoine.
- Utiliser le calendrier pour repérer des moments.

Combat de Carnaval et de Carême.

du carnaval

Moyen Âge

Polichinelle, Pierrot et Arlequin s'apprêtant pour le bal du carnaval à Venise.

En Italie, le carnaval s'est inspiré des personnages de la *commedia dell'arte* qui était jouée par des acteurs portant des masques.
Les plus célèbres sont :

- Arlequin, valet bondissant et balourd, au costume multicolore et au masque noir ;
- Polichinelle, insolent et vantard caractérisé par ses deux bosses et son nez rouge et crochu ;
- Pierrot, tout de blanc vêtu, souvent muet ;
- Pantalon, vicillard avare et amoureux.

Au Moyen Âge, le carnaval avait une grande importance : c'était *la fête des fous* ou *la fête à l'envers.*
Pendant quelques jours, les pauvres devenaient les riches, les gens se moquaient les uns des autres, critiquaient les riches et les gens d'église grâce à leur déguisement et à leur masque.

- **Décris Polichinelle, Pierrot et Arlequin.**
- **Pourquoi, au Moyen Âge, carnaval s'appelait-il aussi la fête des fous ou la fête à l'envers ?**

Bal de carnaval chez les truands du Moyen Âge.

Histoire du

XVIe siècle, XVIIe siècle

Mardi gras de Bruegel, (XVIe siècle).

L'homme de paille, symbole de l'hiver, est chassé par les villageois.

Les fêtes du carnaval sont liées aux saisons. Elles célèbrent le printemps, la fin de l'hiver qui retenait prisonnière la lumière.

• Sur le tableau de Bruegel, que représente l'homme de paille ?
• Pourquoi est-il chassé par les gens du village ?
• Quels costumes reconnais-tu rue Saint-Antoine, à Paris ?

Carnaval à Paris, rue Saint-Antoine, au XVIIe siècle.

Aquarelle de A. Loron.

carnaval

XVIIIe siècle, XIXe siècle

Scène de carnaval, à Venise au XVIIIe siècle.

• En Italie, le carnaval a toujours été célébré de façon fastueuse et solennelle : feux d'artifice, jeux de funambules, confettis de plâtre et, surtout, déguisements variés et originaux.

• Au XIXe siècle, apparaissent les cavalcades, défilés de chars et les charivari, cortège de gens poussant des cris et faisant des bruits discordants.

• Qu'est-ce qu'une cavalcade ?
• Qu'est-ce qu'un charivari ?

• À Paris, après avoir passé la nuit du mardi gras dans les restaurants de Belleville, les gens descendaient dans Paris en organisant le charivari. Masqués, accompagnés de musiciens, ils entraient sans autorisation dans les maisons.

• Reconnais-tu le personnage du carnaval de Venise ?
• Décris les déguisements de cette affiche du Quartier Latin.

La mi-carême à Paris au XIXe siècle.

Carnaval

Nice

Le roi Carnaval.

Le plus ancien carnaval connu au monde est celui de Nice.

Cette fête dure pendant douze jours et se caractérise par un interminable défilé de chars dont le plus célèbre est celui de Sa Majesté le roi Carnaval.

Sur les chars, siègent des « géants » ou des « grosses têtes » représentant souvent des gens illustres :
des personnages de contes ou de légende, des savants, des hommes politiques.

- **Compare la taille des géants avec celle des gens.**
- **Quel pays reconnais-tu sur le char de l'Europe ?**

Le char de l'Europe.

Le char des fleurs.

Batailles de confettis et de fleurs font rage à Nice.

« Confettis » est un mot niçois désignant des boulettes de plâtre lancées au carnaval.

- **De nos jours, comment sont les confettis ?**
- **Qu'est-ce qui caractérise le carnaval de Nice ?**

en France

Dunkerque

Le carnaval de Dunkerque se déroule pendant les trois jours précédant le mercredi des Cendres.

Des musiciens, déguisés en pêcheurs, rythment le défilé avec fifres, cuivres et tambours.

- **Qu'est-ce qu'un fifre ?**
- **Pourquoi sont-ils déguisés en pêcheurs ?**

Les parapluies du carnaval.

Le « p'tit tas ».

Le tambour-major conduit le défilé et donne des consignes.

Il demande parfois au cortège de faire le « p'tit tas ».

Les gens se rassemblent et s'écroulent comme un mur.

Il y a très longtemps, il pleuvait lors du carnaval, aussi les dunkerquois allèrent à la fête avec leurs parapluies. Depuis lors, ils sont toujours au rendez-vous.

- **Quelles sont les caractéristiques du carnaval de Dunkerque ?**

Le charivari.

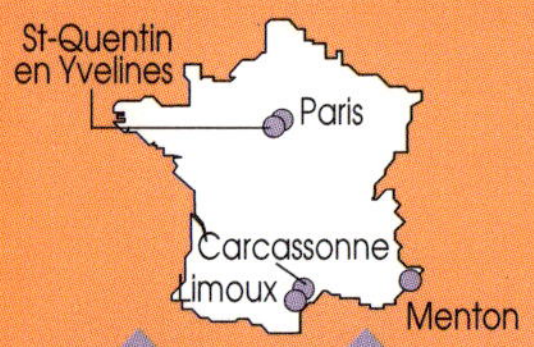

Carnaval

Ailleurs en France

Carnaval en Guadeloupe,

• En Guadeloupe, le carnaval dure trois jours. Le dernier dimanche de janvier est élue la reine du carnaval.
Mardi gras, le jour des diables, on danse la biguine.
Les personnages sont les « guiablesses », divinités malfaisantes dotées d'un pied de bœuf et d'un pied humain.
Le roi du carnaval, le roi Vaval, est enterré le mercredi des Cendres.

à Limoux,

• À Menton, les chars sont réalisés à partir de citrons.

• À Carcassonne, on assiste à la procession des ânes et à la promenade des bœufs gras.

à Menton,

• À Limoux, le carnaval est animé par des bandes de « fécos », sorte de « pierrots » munis d'un sac de toile rempli de confettis.

en France

• En France, beaucoup de villes fêtent le carnaval à leurs manières et selon leurs traditions. Dans les grandes villes, les quartiers se mobilisent pour organiser une fête joyeuse et populaire.

à Saint-Quentin en Yvelines,

à Paris,

• Carnaval des Ténèbres à Saint-Quentin en Yvelines, carnaval de Montmartre à Paris, carnaval des cités, carnaval des écoles sont autant de prétextes de fêtes, de masques et de déguisements originaux.

• Explique le carnaval de Menton, Limoux, de Carcassonne et de la Guadeloupe.

• Comment fête-t-on le carnaval dans ta ville ou dans ton quartier ou dans ton école ?

dans une cité.

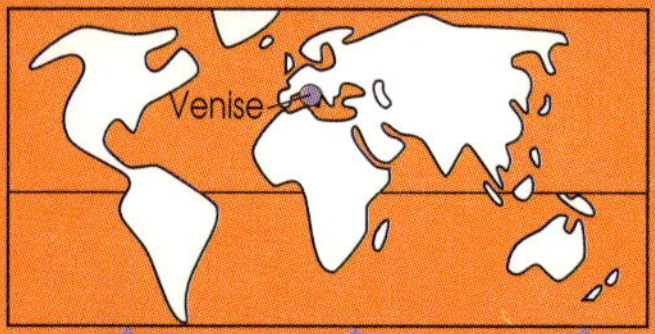

Carnaval

Venise

Masques d'or et d'argent.

Le carnaval de Venise est un des plus prestigieux du monde.

• Après avoir disparu pendant près de 200 ans, il a été rétabli en 1979.

Il débute le 26 décembre et se termine le mercredi des Cendres.

• Ses costumes sont parmi les plus somptueux du monde : le « tabarro », cape noire doublée de rouge, le « domino », robe flottante à capuchon, et de luxueux costumes de tulles multicolores.

Masque et tulles colorés.

Masque blanc, à tricornes et à cape noire.

• Venise garde la tradition des beaux masques : loups, masques blancs, mais aussi masques expressifs ornés de strass et de plumes qui sont de véritables œuvres d'art.

en Europe

Fou au masque d'or.

Le carnaval de Venise est un temps de fête où toute la ville danse la tarentelle.
Tous les personnages de la *commedia dell'arte* (page 5) se donnent rendez-vous au détour d'une ruelle ou le long du canal.

Masque blanc à loup noir et tulle bleu.

- **Quelles sont les caractéristiques du carnaval de Venise ?**
- **Qu'est-ce que le tabarro ? le domino ? le tulle ? le strass ?**
- **Quels personnages rencontre-t-on au carnaval de Venise ?**

Réel ou imaginaire ?

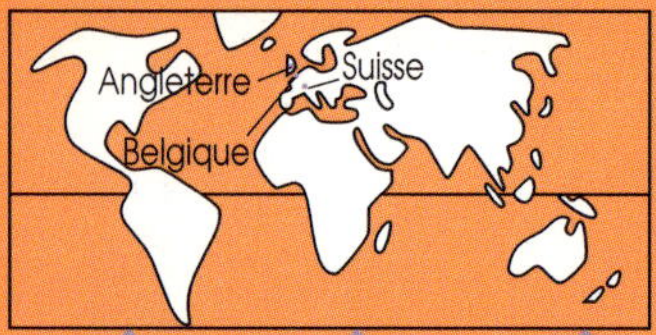

Carnaval

Europe du Nord

• À Binche, pendant les trois jours précédant le mercredi des Cendres, apparaissent les Gilles, sortes de polichinelles à deux bosses coiffés d'un très lourd chapeau orné de plumes d'autruches blanches. Les Gilles marchent en agitant leur grelots et en frappant fort le sol de leurs sabots.

Les Gilles à Binche (Belgique).

• Le carnaval de Bâle débute, à quatre heures du matin, le lundi qui suit le mercredi des Cendres. Il dure trois jours et trois nuits. À la lumière des lanternes, les cliques défilent au son des fifres et des tambours.

Carnaval de Bâle (Suisse).

• À Londres, les défilés du carnaval ont été influencés par les Jamaïcains.

• Quelles sont les particularités des carnavals de Binche, Bâle et Londres ?
• Comment sont habillés les Gilles ?

Carnaval à Londres (Angleterre).

en Europe

Europe du Sud

• Trois semaines sont nécessaires aux Grecs pour fêter le carnaval. La première semaine sert à préparer déguisements et spécialités ; les deux autres semaines sont consacrées à la fête et à se souhaiter des vœux pour que l'année qui vient soit fertile.

Carnaval à Sochos (Grèce).

Carnaval de Loulé (Portugal).

• À Loulé, au Portugal, le carnaval est caractérisé par des mascarades, des défilés de chars et de batailles de fleurs.

• Chaque pays en Europe fête, selon ses traditions, le carnaval.

• Que représente la scène du carnaval de Sochos, en Grèce ?
• Quels personnages vois-tu au carnaval de Loulé, au Portugal ?
• Décris les déguisements du carnaval de Cerkvo.

Carnaval à Cerkvo (ex-Yougoslavie).

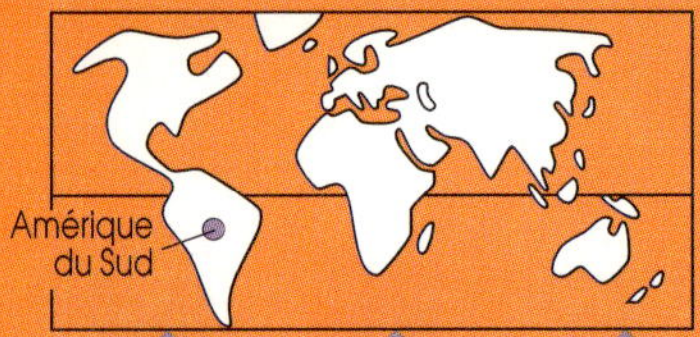

Carnaval

Amérique du Sud

Carnaval à Oruro (Bolivie).

• À Oruro en Bolivie, les somptueux déguisements de diables et d'anges guerriers pèsent entre 20 et 30 kilos. Les costumes les plus présents sont ceux des esclaves noirs et des Indiens se battant contre les Espagnols. Des sarabandes se forment et les danses s'appellent des « diablodas ».

• En Amérique du Sud,
villes et villages fêtent carnaval ;
en villes dans le luxe,
avec des cortèges de chars
et dans les villages,
beaucoup plus simplement,
avec des défilés à dos d'âne.

Carnaval à Aragua (Venezuela).

Carnaval à Rio de Janeiro (Brésil).

• Les 16, 17 et 18 février, la folie du carnaval règne à Rio où la foule chante et danse jusqu'à épuisement au rythme de sambas endiablées.
Toute l'année est nécessaire aux écoles de samba pour préparer costumes et ballets.

du monde

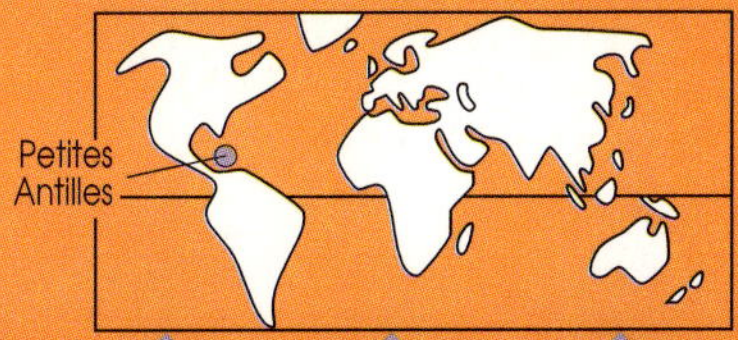

et Antilles

• À Trinité, 100 000 personnes assistent au couronnement du roi Calypso, le dimanche précédant mardi gras.

Les défilés présentent des personnages célèbres et dansent au son du « steel-band », orchestre constitué de bidons.

Carnaval de l'île de Trinité (Petites Antilles).

Carnaval à Cucudamba (Équateur).

• Le carnaval, en Amérique du Sud, est né au XIXe siècle à Rio de Janeiro. Il vient d'une tradition folklorique où musiques et danses sont les éléments essentiels.

• Qu'est-ce que la sarabande ?
la samba ?
les diablodas ?
le steel-band ?
• En Amérique du Sud, qu'est-ce qui caractérise le carnaval ?

Carnaval de l'île de Grenade (Petites Antilles).

Les personnages

Le roi, Sa Majesté Carnaval, est un mannequin grotesque qui personnifie le carnaval, qu'on brûle, qu'on pend ou qu'on enterre le mercredi des Cendres.

Le fou, bouffon qui distrayait le roi, portait un bonnet à clochettes très populaire au Moyen Âge.

Arlequin, personnage de la *commedia dell'arte* porte un masque noir, un glaive et un costume fait de pièces triangulaires de toutes les couleurs.

Polichinelle, personnage de la *commedia dell'arte*, au nez rouge et crochu, reconnaissable à ses deux bosses.

Les vieux, toujours présents dans la *commedia dell'arte*, sont souvent représentés les fêtes de carnaval.

Les sorcières, personnes qui, selon les légendes, disposent de pouvoirs magiques.

Le carnaval permet aux gens de se déguiser et de se masquer. Certains types de personnages sont au rendez-vous à chaque carnaval.

Pierrot, personnage de la *commedia dell'arte*, au visage enfariné, vêtu de blanc et coiffé d'une calotte noire.

La mort du roi Carnaval indique la fin du carnaval, de ses festivités et le début du Carême.

Les masques

Un carnavalier : il imagine et réalise des masques.

De tous temps, en tous lieux, les masques sont présents. Ils ont servi et servent toujours de moyen d'expression.

Un masque en Roumanie.

• Après avoir observé les masques de ces pages et les personnages, pages 18 et 19, dis ceux que tu préfères. Explique pourquoi.

• Imagine le personnage que tu aimerais représenter et le masque que tu aimerais porter.

Un masque au carnaval de Guinée-Bissau (Afrique).

en fête

Masque d'oiseau.

Tricornes aux masques blancs à Venise.

L'homme aux grelots, masque de pommes de pin en Suisse.

Loup de plumes, à Venise.

Les costumes

Avec de l'imagination, on peut réaliser des costumes,...

... d'animaux,

...de person-
nages ,

... d'êtres imaginaires,

en fête

Le carnaval est l'occasion pour les gens d'imaginer et de créer de splendides costumes d'une journée.

… d'une robe fleur,

… des déguisements somptueux d'un jour,

- **As-tu eu l'occasion de te déguiser lors d'un carnaval ?**
- **Quel costume portais-tu ?**
- **Quel déguisement aimerais-tu porter ?**

Décris-le ou dessine-le.

… de féerie de tulle.

Carnaval

Les chars

Char de carnaval à Paris, au début du XXe siècle.

• Dans l'Antiquité, pour fêter une victoire, le héros traversait Rome, sur un char de triomphe, tiré par des chevaux blancs pour se rendre au Capitole.

Un géant au carnaval de Nice.

• Le carnaval a gardé cette tradition en décorant les chars qui transportent des personnages déguisés et des statues de carton.

• Viareggio, en Italie, capitale du carton-pâte, a créé les premiers géants qui défilent lors du carnaval.

Un coquillage de fleurs, à Montlaur.

en fête

Char de fleurs, à Nice.

Des personnages géants au carnaval de Bailleul.

Char imaginé par l'artiste Ben.

Char somptueux à Rio de Janeiro (Brésil).

Les affiches

Affiche de la page 26.

- **Quels personnages vois-tu sur l'affiche ?**
- **Quel mois a eu lieu ce carnaval ?**

Affiche de la page 27.

- **En quel année se passe ce carnaval de Nice ?**
- **Quel jour arrive le roi Carnaval ?**
- **Quel jour le roi Carnaval est-il brûlé ?**
- **Combien de jours a duré le carnaval cette année-là ?**
- **Quels jours ont eu lieu les batailles de fleurs ?**

Carnaval de Nice
1924
NICÆA CIVITAS
SAISON 1924
COURSES INTERNATIONALES à l'Hippodrome du Var : 3, 6, 8, 10, 13, 15, 17, 20, 23 et 26 JANVIER
Le 20 JANVIER, à l'occasion du "GRAND PRIX DE LA VILLE DE NICE", Concours d'élégance féminine
FÊTES DU CARNAVAL, DE LA MI-CARÊME & DU PRINTEMPS
Organisées par le Comité des Fêtes et des Sports
JEUDI 21 FÉVRIER : Arrivée de S. M. Carnaval XLVI.
DIMANCHE 24 FÉVRIER : Défilé des Chars, Cavalcades et Mascarades. Fête de Jour et de Nuit.
JEUDI 28 FÉVRIER : Première Bataille de Fleurs. Grand Veglione des Mille et Une Nuits avec Concours de Beauté.
DIMANCHE 2 MARS : Premier Corso carnavalesque (bataille de confetti). Grande Redoute "Bleu turquoise avec parements Cyclamen".
MARDI 4 MARS : Deuxième Corso carnavalesque (bataille de confetti). Feu d'artifice (Carnaval brûlé en effigie). Retraite aux lumières. Deuxième Grand Veglione.
JEUDI 13 MARS : Deuxième Bataille de Fleurs.
JEUDI 27 MARS : Troisième Bataille de Fleurs.
SAMEDI 29 MARS : Redoute Blanche.
LUNDI 7 AVRIL : Bataille de Fleurs d'Enfants.
MARDI 8 AVRIL : Bals d'Enfants costumés.
Du 19 au 30 AVRIL : CONCOURS HIPPIQUE INTERNATIONAL MILITAIRE organisé par le Comité du Concours Hippique International Militaire
Pour tous renseignements s'adresser à NICE, au COMITÉ des FÊTES et des SPORTS, 5, Rue du Palais

Carnaval

Trois idées de

MATÉRIEL

Le roi Carnaval en carton	Le roi Carnaval en couleurs	Le roi Carnaval en fleurs et carton
• un grand nombre de cartons de tailles différentes, • du papier journal, • de la peinture, • de la ficelle, • du fil de fer, • un grand bâton (2 mètres).	• des vieux draps, • du papier journal, • de la peinture, • du fil de fer, • du papier crépon, • un grand bâton (2 mètres).	• du grillage, • du fil de fer, • une vieille roue de vélo, • des serviettes en papier de différentes couleurs, • un grand bâton (2 mètres).

RÉALISATION DE LA TÊTE

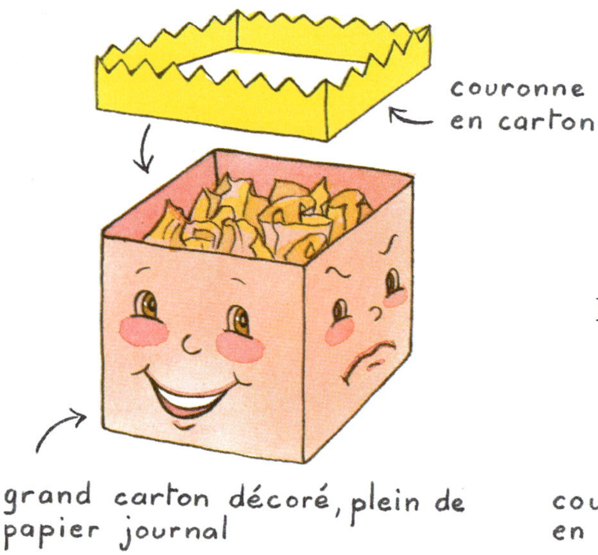

La tête en carton

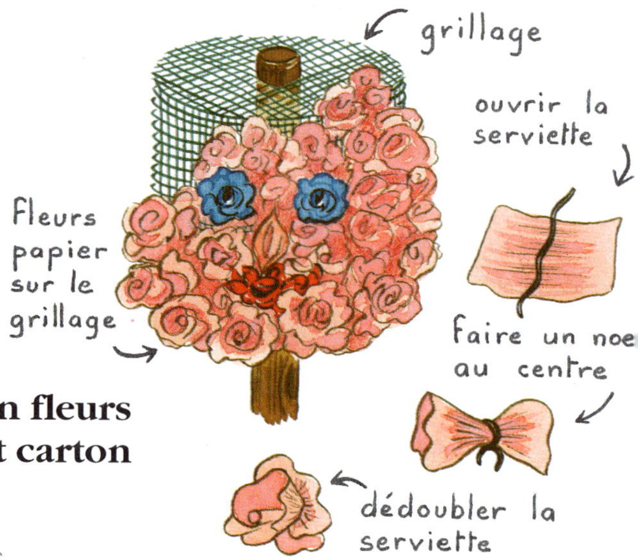

La tête en fleurs et carton

La tête en couleurs

roi Carnaval

ASSEMBLAGE DU ROI

Le roi en carton

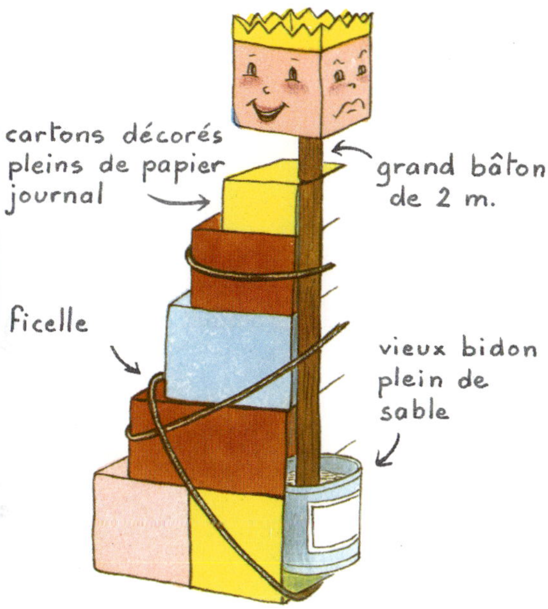

Le roi en fleurs et carton

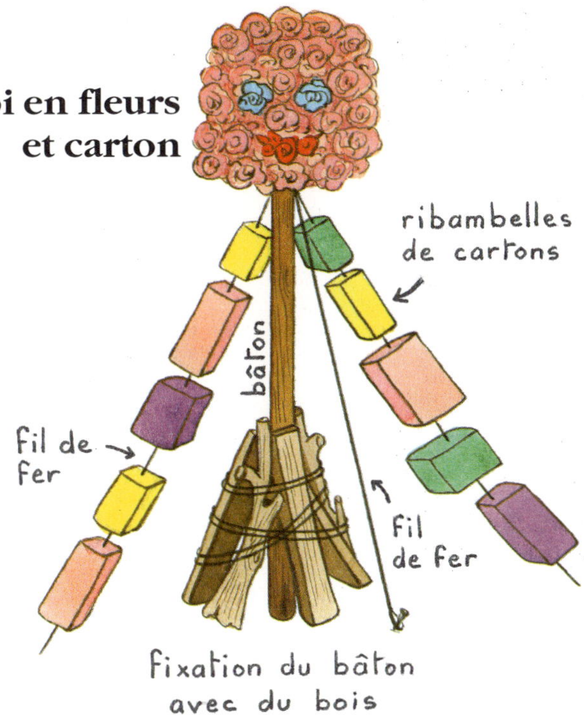

Le roi en couleurs

CONSEILS D'UTILISATION

Voici ton roi Carnaval réalisé.
À la fin du carnaval, si tu veux brûler ton roi, il faut l'**aide des adultes**, un endroit dégagé et de l'eau à proximité.

D'autres fêtes

Le « palio » en Italie : trois cavaliers représentant un coq, un lion et un ours.

De nombreuses fêtes populaires font penser au carnaval.

• À Sienne, en Italie, le 2 juillet et le 16 août après le défilé en costumes du XVIIe siècle, une course de chevaux se déroule sur la place, en forme de coquille. Le vainqueur gagne une bannière de soie : le « palio ».

• Au Guatemala, on fête la Vierge de la chandeleur, le Vendredi Saint.

• En Espagne, toutes les fêtes tournent autour du taureau.

• Que veut dire « palio » ?

• Qu'est-ce que le Vendredi Saint ?

• Que font les enfants au Nouvel An chinois ? et à Halloween ?

Le « toro de fuego », en Espagne.

Vendredi Saint, au Guatemala.

• Le 16 février, on fête le Nouvel An chinois. Les adultes portent des masques de dragon ou de lion et miment des combats. Les enfants portent des lanternes de soie rouge. Les pétards crépitent pour chasser les mauvais esprits.

populaires

• Dans les pays anglo-saxons, le 31 octobre se fête Halloween, la fête de l'épouvante. Les enfants fabriquent des « Jack-o-lantern », à partir d'une citrouille évidée.

Le Nouvel An chinois.

Un « pearlier » en Angleterre, à la fête de la moisson.

On sculpte des yeux, un nez et une bouche grimaçante.
La nuit, une bougie allumée dans la citrouille, les enfants vont de maison en maison et menacent ses habitants : « Trick or treat » ce qui signifie « Donnez-nous une friandise, sinon on vous fait une farce. »

« Halloween » aux États-Unis.

Le patron

Le livre masque

LA COUVERTURE DU LIVRE

1. Prends une feuille cartonnée et plie-la en deux.
Dessine un masque-loup.

2. Découpe le contour du masque.

3. Ouvre la feuille et découpe le contour des yeux suivant les pointillés.

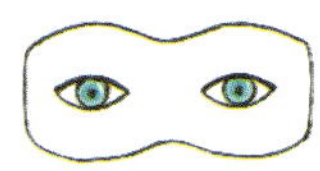

4. Dessine les yeux sur le fond de la deuxième partie de la couverture.

5. Décore la couverture selon ton imagination : collage, dessin, ...

LES PAGES DU LIVRE

1. Prends des feuilles et plie-les en deux.

2. Dessine un masque-loup. Découpe le contour du masque et le contour des yeux.

3. Décore chaque page selon ton imagination : dessin, graphisme, ...

LE LIVRE

1. Mets les pages à l'intérieur de la couverture et agrafe-les.

2. Écris le nom du masque.